Renate Haußmann (Hg.)
Felizitas Peters
Ursula Striepe

DAS IST JA KOMISCH

Gedichte zu Dritt

© 2019 Renate Haußmann (Hg.), Felizitas Peters,
Ursula Striepe
Idee: Renate Haußmann, Schreibweise Hamburg
Satz und Gestaltung: Renate Haußmann
Verlag und Druck: tredition GmbH, Halenreie 40-44,
22359 Hamburg
978-3-7482-9719-2 (Paperback)
978-3-7482-9720-8 (Hardcover)
978-3-7482-9721-5 (e-Book)

«Aneignung – Abstraktion – Wiederaneignung und erneute Abstraktion. Im lyrischen Trialog werden Worte gerührt und geschüttelt, bis scheinbar nichts mehr von den ursprünglichen Zutaten vorhanden ist.»
(Renate Haußmann)

Lyrik im Trialog

Komisch Schreiben ist eine besondere Herausforderung. Geht es doch darum, dem scheinbaren Nonsens Sinn und Tiefe einzuflößen, ohne platt oder gar beliebig zu werden.

Da ist es hilfreich, wenn die Impulse zum eigenen Gedicht von anerkannten Lyriker/innen kommen die sich der Komik, der Ironie oder dem witzigen Sprachspiel verschrieben haben. Von Wilhelm Busch über Robert Gernhardt bis Mascha Kaléko reichen die lyrischen Mentor/innen die Vorbilder sind, für Form, Rhythmus und Versmaß eigener Gedichte, mit denen sich die Autorinnen poetisch begegnen.

Mit dieser humorigen Referenz haben sich die drei Autorinnen dieser Ausgabe konzeptioneller Lyrik auf sprachliches Glatteis begeben und sich aneinander mit Worten festgehalten. Gemeinsame Themen setzen den Rahmen für tragisch-komische Fantasien, die vom beschwingten Wortspiel bis zu Zeilen mit tiefem schwarzen Humor reichen. Die Gedichte entstehen im Dreierschritt – im Trialog. Sie beziehen sich als assoziativer Impuls direkt aufeinander, um danach in lyrischer Freiheit erkennbar eigene Wege des Ausdrucks zu finden.

«Das ist ja komisch» ist Band 4 der Serie «Konzeptionelle Lyrik».

«Wie er auch das Traurige, ja sogar Tragische mit
leichter Hand und einem fröhlichen Fatalismus beschreibt,
das hat mich bei Kästner immer beeindruckt.»
(Felizitas Peters)

DER BLICK AUS DEM FENSTER
(MENTOR: ERICH KÄSTNER)

Gegenüber brennt noch Licht
300 Meter Sehnsucht
Nachbars Freunde

Gegenüber brennt noch Licht

leider frühling

noch kann ich durch bäume seh'n
karge zweige geben einblick bis auf's bett
der nachbar unten rechts der treibt's im steh'n
zur frau des bäckers ist er ganz besonders nett

mit schwung zieht er den vorhang weg
und glaubt sich ganz intim
das erfüllt nun seinen zweck
mir kommen bilder in den sinn

bei madam curie geh'n jetzt die lampen an
so nenn' ich die von oben
sie brütet über bücher so oft sie kann
während die kinder im zimmer toben

mir bleibt noch etwas zeit
die menschen zu studieren
doch der mai ist nicht mehr weit
dann werd ich sie aus den augen verlieren

(Renate Haußmann)

Schlaflos

Ein Fenster von den vielen ist noch hell
Ob all' die andren schon in Morpheus Armen schunkeln?
Wieso verging der Tag denn nur so schnell?
Das ist im Alter so, hör ich mich munkeln.

Man steht früh auf und geht auch früh zu Bette
Dazwischen schnell zum Arzt, Wehwehchen checken
Ein Glück, Frau Doktor ist 'ne nette
Da darf man immer wieder was entdecken.

Wie jetzt zum Beispiel: Ist das nicht ein Zwicken?
Das führt ganz sicher irgendwann zum Tod!
Ich seh' Frau Doktor schon bedächtig nicken
Und neue Pillen für mein Abendbrot.

Hast du denn keine Hobbies, fragt mein Nachbar?
Und zupft verschämt die Hose über'n Magen
Ich schau noch einmal dahin, wo noch Licht war
Und denk, vielleicht muss ich es auch mal wagen.

(Felizitas Peters)

Rosettenbiss

Gegenüber leuchtet es die ganze Nacht
Bis hin zum frühen Morgen
Sie hat das Licht nicht ausgemacht
Sie hat wohl andere Sorgen.

Bei den Nachbarn nebenan
Flackerts wild im Stübchen oben
Einbruchsschutz steht ganz vorn an
Dafür sollte man sie loben.

Wenn man abends mit dem Hund geht
Leuchtet Flutlicht Straßen aus
Nachbars Stromzähler dann durchdreht
Bei jeder vorbei laufenden Maus.

Ruhiger wird es auf dem Hof
Wo bis in tiefe Dunkelheiten
Wie Grablichter auf einem Friedhof
Solarstecklichter den Weg bereiten.

(Ursula Striepe)

300 Meter Sehnsucht

Heimatlos

Und wieder einmal ist sie nun zurück
Ihr Blick schweift weit hinaus über die Elbe
Fischbrötchen gibt es auch noch, was ein Glück
Und heiß ist's. Zack – zerquetscht sie einen Mück
Gut, dass sie diese Klatsche hat, die gelbe.

Die Sonne glitzert fröhlich auf den Wellen
Ein Kreuzfahrtschiff. Und da ist wieder eins
An Bord, da winken sie und gellen
Am Ufer antworten die Hunde. Klar, mit Bellen
Wie schade, denkt sie, Kreuzfahrt ist nicht meins.

Flussab, da öffnet sich die Welt
Schon springt sie auf. Es juckt in ihren Füßen
Das Haus, der Garten – wieviel braucht ein Held?
Der Nachbar klingelt, sicher will er Geld
Doch nein, er will sie nur von Herzen grüßen.

Dies war mal ihre Heimat, diese Stadt
So weit, so schön, so wundervoll zu leben
Ein Job, ein Mann und was man sonst so hat
Mittags zum Essen mit der Freundin den Salat
Alles war da – wonach die andren streben.

Sie seufzt und blickt durch ihre Fensterscheiben
Vertraut ist es und doch auch wieder nicht
Die Menschen, die sich aneinander reiben
Nur dann kann Heimat Heimat bleiben
Wenn man bereit zu einem ist: Verzicht.

Doch traulich eingelebt, droht ihr erschlaffen
Auf geht's! Hauptsache, es ist neu und fern
Verschenkt die Kleider, lässt die andren raffen
Wohin diesmal? Vielleicht mal zu den Affen?
Aufbrechen ist ihr Ding, das macht sie gern.

(Felizitas Peters)

Himmel

Die Kleine steht auf Zehenspitzen
Und guckt durch die Luke im Dach
Sie schaut über Dächer zu den Baumspitzen
Am anderen Ende der Stadt
Die Mutter hinter ihr die Wäsche macht.

Die kindliche Stimme erklingt
Wo ist denn der Himmel? das fragt sie
Weit hinten, bei den Bäumen, bestimmt
Und da ist jetzt der Vati?
Die Mutter schluckt trocken und singt.

Und fast fünfzig Jahre später, da schaut
Sie durch ein Fenster hinaus zu den Bäumen
Und sie erinnert sich genau
Denn sie hört es in ihren Träumen
Das Lied, das die Mutter einst sang.

Der Himmel ist nicht nur, wo die Mutter sagte
Das weißt sie jetzt ganz genau
Denn nachdem sie viele Menschen fragte
Da wurde ihr klar, wie grau
Der Himmel damals zu Hause war.

Es gibt ihn in vielen Farben,
Hellblau am sommerlichen Firmament
Wenn auch langsam, es verheilen die Narben
Und so mancher Mensch kennt
Den Himmel auf Erden, oder bei den Pferden.

Und jetzt habe ich mich verlaufen
Ich wollt' ganz woanders hin
Und Suche den tieferen Sinn
Was reimt sich auf Himmel?
Lümmel, Fimmel, Schimmel und …
Och nö!

(Ursula Striepe)

früher

wer reist hat vieles zu erzählen
soweit es angenehm und jugendfrei
sonst musst du eine notlüge wählen
oder dich mit andeutungen quälen
hauptsache nicht so 'n einheitsbrei

dazu brauchst du noch einen
der mit dir erinnerungen teilt
man schaut sich um und sieht da keinen
es ist zum weinen
und schon ist sie da die traurigkeit

lass ich sie vorüber geh'n
oder stellt man sich der liason
will einfach nur in die ferne seh'n
diesen augenblick mit anstand übersteh'n
doch da kommen die alten bilder schon

hamburg new york und wieder zurück
das schiff ist im hafen angekommen
die kleine an der hand der mutter ist entzückt
deren lippen etwas zu rot und strahlend vor glück
das essen wird in der messe eingenommen

der mann in uniform steht an der reling
das mädchen lacht und beginnt zu singen
der blick der großen ist tief und selig
sie biegen ihre hüften zueinander
als wollten sie ein tänzchen beginnen

onkel fred ist größer als der vater
seine augen blitzen anders als die vom bruder
so schalkbesetzt traurig wie nach einem kater
«ihr seid meine sehnsucht» sagt er
sie merkt hier läuft was aus dem ruder

das bier ist abgestanden und schmeckt fahl
eine träne läuft in den mundwinkel rein
du blickst zurück und rufst in den saal
«tschüß fiete bis zum nächsten mal
es muss ein staubkorn gewesen sein»

(Renate Haußmann)

Nachbars Freunde

In Liebe angedickt

Nachbars Tochter rechter Seite
Sie blieb lieber ledig
Seit die Mutter ging ins Weite
Klönt sie mit Freundin Hedwig.

Der Garten, er verwildert jetzt
Doch wenn sie kommt und jätet
Dann bleibt sie stumm und rupft und reißt
Und zuschaun tut die Hedwig.

Nachbars Freunde anderer Richtung
Sie haben aktuelle Themen
Arbeit, Auto, diese Gewichtung
Dafür braucht man sich nicht schämen.

Und die Kinder, laut und lärmig
Machen viel Tamm Tamm
Die Eltern findens ungehörig
Der Apfel fällt nicht weit vom Stamm.

Meistens ist's in dieser Gegend still
Leute kommen in die Jahre
Tanz mit Freuden kaum gelingen will
Weil viele Zipperlein sie plagen.

Man zieht hier her, will die Natur genießen
Die Kinder sollen draußen spielen
Lässt Blumen und Gemüse sprießen
Auf gute Nachbarschaft die Leute zielen.

Für viele Freunde, ledig, ohne Nachwuchs
Ist's viel zu spießig, zu weit am Rand
Sie züchten die Tomätchen und den Buxus
Lieber auf dem Balkon an der geschützten Wand.

Freunde kommen, Freunde gehen
So ist die Lebensuhr
Und irgendwann, man wird schon sehen
Bleibt einem nur noch die Natur.

(Ursula Striepe)

augen zu und durch

muss ich mal nach tonndorf hin
schließ ich die fenster auch bei hitze
schnell ist der mief im auto drin
das ist der grund warum ich schwitze

breite wege menschenleer
niemand geht irgendwo hin
dornenbüsche als rasenaufseher
das gibt doch alles keinen sinn

vorhänge liebt man
blickdicht und schwer
dahinter späht der biedermann
dem leben hinterher

die wahrheit hat große lettern
eins zwei zeilen und dann bilder
wer sich anpasst darf auch meckern
doch die zeiten werden wilder

nichts als gewalt in den straßen
flüchtlinge leben in saus und braus
lieben ist schwerer als hassen
nachts geht er nicht mehr raus

freitags gönnt er sich seinen lohn
bier und schnitzel in der tasche
die nachbarin steht hinter dem spion
hofft auf besuch von ihrem sohn lasse

so geht es nun jahrein jahraus
das haus könnte nichts anderes erzählen
mach dir einen eigenen reim daraus
und rate mal was diese leute wählen

manchmal muss ich nach tonndorf hin
grauenhafte stille

(Renate Haußmann)

Vorstadtfreuden

Es gab 'ne Zeit, da war mir das zu öde
Der Lärm der Großstadt vor dem Fenster war das Ziel
Wer eine Stunde fuhr, war arm oder nur blöde
Ich kannte nur, wem auch die Stadt gefiel.

Jetzt blicke ich durchs Fenster auf die Hunde
Die dort mit ihren Herrn spazieren gehn
Ich brauch nur fünf Minuten, keine Stunde
Dann kann ich mit den anderen auch dort stehn.

Wir klönen über uns und auch das Wetter
Die Hunde rennen bellend um uns rum
Wer denkt es geht ums Gehen, ist ein Städter
Kein Hundemensch oder ganz einfach dumm.

Bis morgen, ruf ich, und dann gehn wir munter
Zurück in unser Vorstadtdomizil
Die Straße sauber, Bäume bunt und bunter
Ich weiß nicht, wie mir je die Stadt gefiel.

(Felizitas Peters)

«Gefühlvoll und treffsicher beschreibt
Mascha Kaléko, was das Leben ausmacht, oft
melancholisch und dann wieder unerwartet komisch.»
(Ursula Striepe)

GESTERN MAL WIEDER
(MENTORIN: MASCHA KALÉKO)

Sprungbrett zu fernen Planeten
Viele Wolken, kurzer Schauer
Warum ist es in Eppendorf so dunkel?

Sprungbrett zu fernen Planeten

Bitte wenden

Ist nicht so wichtig, sagt sie dir
Wenn du sie nicht verstanden hast
Und du denkst, so wird's wohl sein.

Doch kommt es öfter vor
Dann zweifelst du, nicht nur an deinem Ohr.

Was ist schon wichtig
Fragst du dich
Das ganze Leben sicher nicht
Und diese nette Kleinigkeit
Sie wurd gesagt und dann verschweigt
Sie sie, macht's zum Geheimnis.

Du musst dich also doch mal fragen
Was steckt dahinter
Oder selbst was sagen.

(Ursula Striepe)

keep cool

gekonnt lässig sagen sie
du sollst ruhig bleiben

und meinen
du sollst kalt sein
oder eisig

wenigstens
unterkühlt bis in die socken

kaltes herz
die geheimwaffe der verweigerer
keep cool
das totschlagargument der feiglinge

nicht machbar für die erregbaren
lassen den vulkan in sich nicht löschen

(Renate Haußmann)

Das wird schon

Nichts ist je so schlimm
Wie es auf den ersten Blick scheint
Zugegeben: Manchmal ist es
Schlimmer
Aber nicht oft
Nicht sehr oft zumindest
Nur manchmal eben. Und dann
Ist es übel.

Meistens jedoch
Verbirgt sich in dem Chaos
Ein Lichtstrahl
Den man erst sieht, wenn das Adrenalin
Sich zurückgezogen hat
Und wir uns erinnern
Dass die Säbelzahntiger längst
Ausgestorben sind.

Wenn er dann aufblitzt
Der Hoffnungsschimmer
Dann versucht er
Uns zu zeigen
Dass es oft nicht so ist
Wie es aussieht
Dass das Brett vor unserem Kopf
Auch ein Sprungbrett sein kann.

Zu fernen Planeten zum Beispiel.

(Felizitas Peters)

Viele Wolken, kurzer Schauer

nichts als rauschen

du schlägst die augen auf und denkst
es könnte gut geh'n heute morgen
es ist der himmel der dich kränkt
wolken dick wie sorgen

und schon prasselt es auf dich runter
gedankenschwere tropfen
mist nun bist du richtig munter
hörst das herz bis in die ohren klopfen

stellst das radio viel zu laut
saugst aus dem computer kommentare
dieser deal ist dir vertraut
doch nichts als rauschen ist die ware

nein so wird das heute nix
mach dir 'nen kaffee mit viel schaum
zurück ins bett und zwar ganz fix
die sonne scheint heut nur im traum

(Renate Haußmann)

Sonntagsgeflüster

Es ist die Stille, die den Sonntag macht
Kein Laut im Haus, ich hör nicht mal 'nen Ton
Vielleicht hat wer das Gör von oben umgebracht
Wir alle hatten das ja vor, seit langem schon.

Die Stille füllt die Ohren aus, bis an das Ende
Der Welt reicht sie an diesem Morgen
Ich mach 'nen Kaffee schnell, wasch mir die Hände
Schlag auf das Buch, den Geistesblitz mir borgen.

Die Stille macht mich voll und weit
Und friedlich fließen die Gedanken
Wenn die versiegen, ist's soweit
Dann geh ich raus, die Seele nachzutanken.

Die Schuhe an, den Mantel fest geschlossen
Im Sturmschritt los, das hab ich von Papa
Der hätte diesen Gang auch sehr genossen
Ich wünschte mir schon manchmal, er wär da.

Die Schuhe stehen nun in nassen Pfützen
Der Mantel tropft gemütlich vor sich hin
Nun kann ich wieder weiter friedlich sitzen
Und schreiben bis ich fertig bin.

(Felizitas Peters)

Freiheit

Es schon hell
Die Vögel draußen piepen
Und eine Meise singt so schrill
Das sollte man verbieten.

Nachbars Kind ist auch schon wach
Es schreit auf der Frequenz der Meise
Das hat es immer schon gemacht
Die Eltern wollen's wohl nicht leise.

Was ich mir für heut vorgenommen
Im Radio sagte man,
Die Blütenpracht im Alten Land, sie hat begonnen
Ich fahre hin, das geh ich an.

Ansonsten kann ich, wie zu Kinderzeiten
Mal Langeweile haben dürfen
Langsam die Tageszeit begleiten
Geruhsam meinen Kaffee schlürfen.

Ich muss nichts tun,
Kann alles machen
Mich nur ausruhn
Oder es lassen.

(Ursula Striepe)

Warum ist es in Eppendorf so dunkel?

Schwarze Schafe

Sie sagt: Ist dir schon einmal aufgefallen
Wie es sie verstört
Wenn eine Herde fetter Schafe
Vom Wolf hört?

Sie stecken die Köpfe zusammen
Den dicken Hintern zur Welt
Verzeihung, nicht alle sind fett
Und manche sind vermutlich unter all dem Gehänge
Auch nett.

Natürlich haben sie Angst vor dem Wolf
Da ist einer, gleich da drüben
Okay, nur ein Wölfchen
Aber da, ist da noch etwas Dunkles?
Ach, nur ein schwarzes Schaf?
Sofort sind sich alle ganz einig.
Dass es auch das hier nicht geben darf.

Werte Schafe, wir müssen erkennen
Dass sie vorbei ist, die beschauliche Zeit
In der wir uns alle beim Vornamen nennen
Auch ohne Wölfe ist es längst schon so weit
Prosecco trinken und vegan leben
Im Geländewagen schnell mal zum Markt
War schön, doch so ist das Leben eben.

Es macht was es will
Und nicht immer genießen die Schafe den Drill
Doch am Ende entscheiden sie sich
In der Regel zumindest
Fürs Weiterleben.

(Felizitas Peters)

Dunkelmunkel

Wusstest Du noch nicht? Überall auf Erden
Muss einmal gemunkelt werden
Und auch in Eppendorf muss es dunkel werden
Denn im Dunkeln ist gut Munkeln.

Ist Dunkelheit das Fehlen von Licht?
Oder ist es die Gesinnung
Die einem steht mitten im Gesicht
Wenn die Gedanken finster sind?

Das Flüstern hinter vor gehaltener Hand
Schon immer seine Opfer fand
Denn selten traut man sich bei 'nem Gerücht
Ganz laut zu sagen: Nee, he lücht!

Die Menschen haben Phantasie
Das ist im Grunde löblich
Doch wenns ins Negative rutscht
Dann ist es nicht mehr höflich.

Tratschen und die Munkelei, die harmlosen Gesellen
Sind weit verbreitet und bekannt
Und merke, wenn die Leute nicht mehr reden
Bist du auch nicht mehr interessant.

Überall auf Erden muss einmal gemunkelt werden
Denn im Dunkeln ist gut Munkeln.

(Ursula Striepe)

verblendet

soll ich dir sagen was geschieht
wenn mehr schein als sein
den wert wahrer werte misst

gestern auf dem isemarkt dort nur beste ware
drumherum architektur der gründerjahre
da zahlt man gern etwas mehr für's eis
luxus hat eben seinen preis
verspiegelte wände im treppenhaus
der fahrstuhl bringt einen diskret rein und raus
zur not grüßt man sich leicht irritiert
denn wer besonders ist lebt reserviert

das wird schon seine gründe haben
wenn status sich an der verpackung misst
über haltung lässt sich da nichts sagen

doch jedes haus kennt geheime geschichten
bewahrt die dunklen seiten seiner protagonisten
man erzählt es ist der freund der neuen nachbarin
der hat nichts besseres im sinn
als den parkplatz für das kranke kind zu halbieren
nun zu klein um den rollstuhl zu lavieren
und wieder muss der vater man mag es kaum sagen
seine tochter im arm nach hause tragen

(Renate Haußmann)

«Der Ton macht die Musik und der Reim
bringt Satisfaktion. Ein Schelm wer Böses dabei denkt»
(Renate Haußmann)

DES PUDELS KERN

(MENTOR: HEINZ ERHARDT)

Lieber Löwe als Hase
Theresa im Wonderland
Schuhe reparieren mit Tesa

Lieber Löwe als Hase

Der Osterhase

Im Traum war ich der Osterhase
Und rase mit ner vollen Blase
Um für die wohlbeleibte Base
Die Eier alle zu verstecken
So kriech ich in die letzten Ecken
Um schön mit Laub sie zu bedecken.

Ich renne durchs Gebüsch und blase
Die Luft aus, heftig durch die Nase
Wobei ich immer weiter rase
Da sieht sie mich, die fette Katze
Und mit der großen Tatze hatt se
So fest gedrückt, ich denk, ich platze.

Vor Schreck bin ich dann aufgewacht
Sah mich in meiner ganzen Pracht
Und hab erleichtert aufgelacht
Ich bin der König aller Tiere
Und wenn ich rekapituliere
Ging nichts mir je an meine Niere.

Und doch fühl ich noch Schmerz im Rücken
Dafür muss ich mich gar nicht bücken
Als würde mich was runterdrücken

Ein großes Tier mit großen Zähnen
Ich kann nicht anders, ich muss stöhnen.

Ganz plötzlich packt's mich fürchterlich –
Ob er wohl träumt, er wäre ich?

(Felizitas Peters)

Lieber Katz als Maus

In einem Loch am Haus
Da wohnte eine Maus
Die Katze war dort neu
Und anfangs noch sehr scheu.

Doch dann fand sie die Maus
Mit der war's bald aus
Aber die Maus, die Dreiste
Noch schnell verreiste.

Bequem im Katzenschnäuzchen
Kam sie in unser Häuschen
Hinein in unseren Flur
Nachts, so um 23 Uhr.

Dort spielten beide Maus und Katz
Das ging ratz fatz
Die Maus sich schnell versteckte
Die Katze sie entdeckte.

Im Flur tats öfter krachen
Das ließ uns dann erwachen
Den Einbrechern leis auf der Spur
Schlichen wir hinab so gegen 24 Uhr.

An Schlaf war nicht zu denken
Die Katze wollt' 'ne Maus uns schenken
Und biss hinein, oh Graus
Nun war es wirklich aus.

(Ursula Striepe)

der problemlöwe

aus dem zirkus calliron
lief ein löwe auf und davon
er kam bis in den westerwald
dort war es ihm zu kalt
ohne dach und königliche robe
kam er fast zu tode

mit flauem magen und letzter kraft
hat er es in den hasenstall geschafft
da lag er nun der arme wicht
angst machte er den hasen nicht
die berieten sich geschwind
niemand achtete auf's hasenkind

das kuschelte sich in die löwenmähne
schön weit weg von tatzen und zähne
da wurd die hasenmutter stutzig
sie fand das pärchen gar nicht putzig
und ohne die beratung abzuwarten
schickte sie den löwen in den garten

da warteten schon die jäger
und politische würdenträger
der löwe konnte nicht weiter leben
so ist das eben

(Renate Haußmann)

Theresa im Wonderland

Märchenland in Kinderhand?

Jetzt hat sie die Misere
Theresa ist im Wonderland
Es ist ihr eine Ehre
Doch wie sie raus kommt
Unbekannt.

Ein weiches, weißes Kuscheltier
Das zeigt ihr einen Weg
Sie denkt: Bin ich denn richtig hier?
Das Tierchen rennt, die Zeit vergeht.

Mal ist Theresa klein, mal groß
Je nach was sie zu sich nahm
Sie trifft hier viele bunte Wesen
Und sie begreift nichts: Was ist los?
Außer Spesen nichts gewesen?
Sie kommt an ihrem Ziel nicht an.

Die Grinsekatze, ganz geschmeidig
Sie rät zum Hutmacher zu gehen
Der weiß Bescheid und wird Theresa
Den Weg schon zeigen, sie wird sehn
Dort wird das ganze Jahr gefeiert
Vernunft wird auf den Kopf gestellt
Denn gerne macht er sich die Welt
wie sie ihm gefällt.

Theresa taumelt weiter
Und sucht den richt'gen Pfad
Mal muss sie fragen,
Mal gibt sie anderen einen Rat
Sie schaut seltsamen Spielen zu
Und ist auch selbst Akteur
Sie fragt sich immer wieder
Wo kommt das Wirrwarr her?

Dann endlich glaubt sie Licht zu sehn
Gericht wird abgehalten
Sie soll als Zeugin jetzt dort stehn!
Das ist nicht auszuhalten.

Jetzt wird's ihr langsam viel zu bunt
Ein Chaos sondergleichen
Sie dreht sich um sich selbst herum
Die Aufregung, sie steigt
Die Grinsekatze grinst ganz breit.
Theresa nun erwacht
Es ist noch immer dunkle Nacht
Der Albtraum will nicht weichen.

(Ursula Striepe)

noch'n märchen

erinnerst du dich noch an greta
zuletzt sprach sie vor dem rat der nationen
so eine wie sie war noch nie da
doch man vergaß sie mit medien zu verschonen
wieso ich so denke lasst es mich sagen
ich wurde einst zeuge folgender belange
vor ein paar tagen
in der Supermarktschlange

«greta ... das war doch die ...»

   «... ja sie hat den nobelpreis bekommen»

«nein das war nicht sie
sie hat den mit den millionen bäumen genommen
die mit den nobelpreis vom könig in schweden
das war die mit den vielen narben im gesicht
ich hatte ihren namen noch gerade eben
erinnerst du dich denn nicht»

   «ich mochte die kleine mit den ordentlichen   haaren
   sie kam mir vor wie ein kind dass...»

«hast du nicht gewusst dass dies extensions waren
für sie war es doch alles nur ein großer spass
soll ja eine enkelin von astrid lindgren sein
hoffte berühmt wie abba zu werden...»

   «...nein das glaube ich nicht sie lachte so fein
   und wollte doch nur für Bioeier werben»

«die kleine inderin trägt ja noch immer ihre tracht
obwohl sie doch längst in amerika wohnt
sie hat ja wohl in einem bollywoodfilm mitgemacht …»

«… kannst mal sehen da hat sich das bischen säure
doch gelohnt

(Renate Haußmann)

Luzifer

Da, nimm doch, sprach die Schlange
Und hielt den Apfel hin
Was zögerst du so lange?
Sind Vitamine drin!

Die Eva, jedoch schaut
Das Obst sich gar nicht an
Ein Früchtchen bin ich selber
Ich brauche einen Mann!

Einen, der nicht wie Adam
Nur schläft von früh bis spät
Sondern 'nen hübschen Galan
Der weiß, wie's wirklich geht!

Du, Schlange, spricht sie leise
Und schaut ihr ins Gesicht
Man sagt, ihr seid so weise
Und fürchtet Strafe nicht.

Kannst du mir nicht verraten
Wo ich ihn finden kann?
Groß, dunkel, wohlgeraten
'nen tollen Kerl von Mann!

Da grinst die Schlange schelmisch
Übers Reptilgesicht
Das können Schlangen nämlich
Man sieht es sonst nur nicht.

Und nur Sekunden später
Da steht er schon vor ihr
Der alte Schwerenöter
Jetzt Mann und nicht mehr Tier.

Oh, wunderbar, seufzt Eva
Und schmeißt sich an ihn ran
Mein Traum wird endlich doch wahr
Komm, fangen wir gleich an!

Doch Luzifer, der Schlingel
Denn der ist's, ganz genau
Der hat ganz andre Pläne
Für Adam und die Frau.

Iss erst mal einen Happen
Gurrt er ins Ohr ihr fein
Vitamin B ist wichtig
Ein Apfel muss schon sein.

Beherzt nimmt sie 'nen Bissen
Und kaut ihn hundert Mal
Woher soll sie auch wissen
Dass so begann die Qual.

Ein Rumms – und auf 'ner Wiese
Voll Disteln liegen sie
Adam, der Petermiese
Liegt quer ihr überm Knie.

Von Luzifer, dem Bengel
Ist gar nichts mehr zu seh'n
So ist das mit Gequengel
Man bleibt im Regen steh'n.

Und wenn jetzt einer fragte
Nach der Moral von der Geschicht
Dann ist's das oft Gesagte
Vitamine bringen's nicht!

(Felizitas Peters)

Schuhe reparieren mit Tesa

lösung in vier zeilen

das gute leder wurde alt
erst gab es tiefe falten
dann wurden alle zehen kalt
es konnte das wasser nicht halten

da gab es doch ...
mein gott wie heißt er
ein lederflicken schloss das loch
ja genau es war der schustermeister

ach wie ich den mann vermisse
mein lieblingsschuh liegt nutzlos da
aus falten wurden risse
ich versuch's mal mit der list von tesa

(Renate Haußmann)

Meditation in 3 Strophen

So manches Mal hab ich gedacht
Wenn ich was wo gut repariert
Hab ich das nicht nur zugemacht
Mehr für die Ewigkeit fixiert.

Wie oft hab ich mich schon gefragt
Ach, könnt ich doch das Leben
Wenn ich wo was nicht gut gemacht
Einfach mit Tesa kleben.

Ich schau uns an, den Schuh und mich
Wir beide haben Falten
Das Leben knautscht uns ordentlich
Und doch werden wir halten.

(Felizitas Peters)

Indianerschuh

Meine schönen Lieblingsschuhe
Der eine sucht Verschnauf
Nach 20 Jahren will er Ruhe
Und macht die Nähte auf.

Mit Tesa ist das nicht zu flicken
Das hält nicht, hab' es ausprobiert
Zum Schuster musste ich ihn schicken
Dass er ihn sauber repariert.

Nun wird er endlich abgeholt
Der Zettel auf dem Tresen
Hier riechts so gut, so neubesohlt
Ich könnte hier gut leben.

Der junge Mann schaut auf die Zahl
Kann meinen Schuh nicht finden
Er fragt was ich denn will nochmal
Ich sag 'nen Schuh und muss kurz grinsen.

Nach langem her und kurzem hin
Und einigem Gebimmel
Findet er ihn, den Moccasin
Den gut versteckten Schlingel.

Ist eben ein Indianerschuh
Lebt gern versteckt in der Prärie
So ich – doch Schuster Winnetou
Bleibt stumm und lächelt nie

Der Schuster bleibt bei seinen Leisten
Vielleicht ist ihm ja nie zum Lachen
Er packt den Schuh ein, diesen dreisten
Humor ist nicht so seine Sache.

(Ursula Striepe)

«Man muss die Wörter nur
in die richtige Reihenfolge bringen ...»
(Ursula Striepe)

ZWEI MÄNNER IM GARTEN
(MENTOR: LORIOT)

Wird je die Sonne wieder scheinen?
Wir verwandeln Mist in Musik
Was ist Schönheit?

Wird je die Sonne wieder scheinen?

sonnenuntergang

die sonne sinkt im tiefen rot
noch ist alles gut im lot
schon ist sie halb im meer versunken
der himmel leuchtet farbentrunken

die männer am ufer sind kurz abgelenkt
die natur hat ihnen eine pause geschenkt
der eine bemerkt eine gänsehaut
während der andere in den himmel schaut

fast hätten diese wenigen sekunden
den gang der dinge überwunden
und beide wären ihrer wege gegangen
um etwas gutes mit dem leben anzufangen

doch das abendliche feuerspiel
ist nur kulisse für ein anderes ziel
denn noch in dieser nacht
werden beide umgebracht

der eine ein stadtbekannter don juan
machte sich an die frau des anderen ran
dieser obwohl auch nicht viel besser
sticht ihn nieder mit dem messer

und während er das opfer rasch begräbt
dort wo neuer deichschutz angesät
verliert er den boden unter den füßen
diesen umstand muss er mit dem leben büßen

drei meter siebzig fällt er in die grube
und denkt noch im fallen an die warme stube
wo seine frau wartend sitzt
doch nicht auf ihn sondern auf fritz

feiner sand rinnt ihm hinterher
seine rufe hört nun niemand mehr
die sonne sinkt im tiefen rot
dann ist sie weg und er ist tot

(Renate Haußmann)

Frühling

Wie warten wir aufs Winterende
Wenn uns der Saft schon in die Lende
So hochschießt, dass er kaum zu zäumen
Dann geht es uns so wie den Bäumen.

Nun ist es Frühling, endlich wieder
Die Schöne zwängt sich in ihr Mieder
Und schüttelt frisch die blonden Haare
Denn die sind heißbegehrte Ware.

Wie schön, dass bald das Fest der Eier
Ein Ende setzt der alten Leier
Von langen Nächten ohne Spaß
Ein Glück, dass sie die nie vergaß.

Sie blickt den Spiegel noch mal an
Ob sie noch wo was machen kann
Alles am Platz, das Haupthaar sitzt
Sie lächelt selig und verschmitzt.

Und wirft nen letzten Blick ins Zimmer
Wo all die langen Wochen immer
Der tumbe Gatte müffelnd saß
Und immer nur die Zeitung las.

Nun steht da nur der Sessel noch
Der Alte liegt in seinem Loch

Drei Meter tief – und so ist's richtig
Dass sie es tat, ist doch nicht wichtig.

Vom Fenster aus kann sie sie sehn
Die zwei, die schon im Garten stehn
Sie ist nun ganz und gar bereit
Komm her, du holde Frühlingszeit.

(Felizitas Peters)

Hoch das Beet

Nun ist der Frühling endlich da
Der Wind weht jetzt durchs schüttre Haar
Denn Schal und Mütze liegen nun
Im Schränkchen, können endlich ruhn
Die Temperatur, sie steigt allmählich
Und unser Rentner wird jetzt fröhlich
Die Tage werden wieder heller
Und auch die Zeit vergeht jetzt schneller
Mit Arbeit an der frischen Luft
Denn die Natur wie immer ruft.

Jetzt muss er wieder in den Garten
Nicht nur die Vögelchen dort warten
Nein, auch das Unkraut sprießt enorm
Das Jäten hielt ihn stets in Form
Er rupft mal hier und zupft mal dort
Bewegt sich langsam weiter fort
Ist all der Wildwuchs dann gelüftet
Er sich Gemüsebeeten widmet
Radieschen und Salat er säht
Was auch die Schnecke nicht verschmäht
Drum streut er dann in alle Ecken
Ein Korn, das soll sie ganz verschrecken.

Die Sonne scheint, die Hitze bratzt
Der Rentner sich am Kopfe kratzt
Was pflanzt er nur aufs Beet, das hohe
Wo unten drunter liegt die Frohe

Das einst ihm angetraute Weib
In ihrem dicken, toten Leib
Eines Nachts, mit viel Geschick
Brach er schnell ihr das Genick
Denn sie ging ihm auf den Wecker
Und sie wurde immer fetter
Und auch lauter, auch beim Schlafen
Hörte nicht mehr auf zu schnarchen.

Den Plagegeist ist er jetzt los
Sie liegt nun unter Sternenmoos
Schön festgeklopft hat er die Decke
Sie liegt so nah an Nachbars Hecke
Und oben drauf, da pflanzt er jetzt
Maiglöckchen und Wolfsmilchgewächs
Denn es gibt noch andere Plagegeister
Die ihn auf Trab halten, den Meister.

(Ursula Striepe)

Wir verwandeln Mist in Musik

Bladidöh

Bladidöh, bladidöh
Oh, du geliebter Mummenwanst
Wie du die Wumme mannen kannst!
(Und wenn du dann die Wamme munnst
Das ist Kunst.)
Bladidöh, bladidöh!

(Felizitas Peters)

Tatuu

Tatuu, tatüü
Du ausgedrückter Eindruck
Du eingedrückter Ausdruck
Tatüü, tatuu

(Ursula Striepe)

lalilu

lali lalu
gedichtete kunst an häuserwand
gehäusekunst dichtet die wand
kunstgedichte wanden die Häuser
nicht in diesem land
lali lalu

(Renate Haußmann)

Was ist Schönheit

Im Fremdgarten

Es grünt das Grün in meinem Garten
In dem zwei fremde Männer warten
Nie hätte ich gedacht, dass diese beiden
Jemals an meinem Teich verweilen
Den einen nur ein Haarkranz schmückt
Beim anderen die Badekappe drückt.

Die Körper frei, nicht durchtrainiert
Sitzen sie dort, ganz ungeniert
Und dann erkenn ich die Gestalten
Die bei Wind und Wetter innehalten
Sie sind bekannt aus Funk und Fernsehen
Und früher hat man sie ganz gern gesehen.

Herr Dr. Klöbner, verlassen Sie sofort meinen Garten!
Werte Frau, sehr angenehm, damit werde ich noch war-
ten
Denn Herr Müller-Lüdenscheidt
Ist auch noch nicht so weit
Nun lassen Sie uns hier doch sitzen
Und das Gummi-Entchen schützen.

Herr Müller-Lüdenscheidt, verlassen Sie sofort
Diesen meinen schönen Ort!
Werte Frau, sehr angenehm, doch ein entschiedenes
Nein
Ich lass Herr Dr. Klöbner hier nicht gern allein

Er fragt, ob ich nicht Mitleid habe
Für ihre wahrlich misslich' Lage.

Und dann erkenn ich die Misere
Ich ihnen nun Asyl gewähre
Denn beide sind nur halbe Männer
Und taugen nicht mal mehr zum Penner
Es fehlen ihre Unterleibe
So suchten sie 'ne neue Bleibe.

Mein Gatte ließ sich überreden
Den Herren Unterkunft zu geben
Ich spür' jetzt Dichtestress beim Sonnenbaden
Und auch im Herbst beim Blätter harken
Und so vergehn die Jahreszeiten
Durch die nun beide uns begleiten.

In ihrem Sketch da sind sie lustig
In meinem Garten eher frustig
Drum überlege ich schon lang
Wie man sie los werden kann
Verkaufen ist verboten
Sie taugen nicht für'n Ofen
Von Schönheit keine Spur
Zwei dicke halbe Männer nur.

Es schneit das Weiß in meinen Garten
In dem zwei fremde Männer warten.

(Ursula Striepe)

am meer

es strömt das wasser nach der uhr
mal her mal hin ganz stur
frau meisle aus dem fernen süden
muss den 6-stunden takt noch üben

mal her mal hin
sie steckt schon bis zu den knien drin
zweifelnd schaut sie vom land zum meer
geht es nun hin oder kommt es her

dann gibt es noch die priele
und hier besonders viele
und so nette leute
sie winken besonders freundlich heute

frau meisle aus dem bayernland
winkt zurück mit der linken hand
die rechte rudert schon im nassen
bis sie mut und kraft verlassen

da hört sie jemand rufen
sieht ein gefährt auf kufen
im auflaufenden wasser stehen
mann und pferd kann sie auch noch sehen

grazil wie eine gazelle
versinkt sie mit der allerersten welle
und grübelt was hier wohl nicht stimmt
bis sie ganz und gar ertrinkt

(Renate Haußmann)

Schön sauber

Wo steckt nur wieder meine Brille
Fragt er und greift schon nach der Zwille
Um schnell die Hündlein anzuschießen
Dass sie ihm nicht den Tag vermiesen
Denn es ist Sonntag wieder mal
Da isst er doch am liebsten Aal
Am schön gedeckten Frühstückstisch
Schmeckt der ganz einfach königlich.

Er blickt sich um und freut sich sehr
So lang ist es noch gar nicht her
Dass hier noch herrschte die Natur
Dabei liebt er es rein und pur
Es ist doch schön, wenn alles hier
Ganz frei von Pflanzen und Getier.

Die holde Gattin, die schon immer
So peinlich sauber hielt die Zimmer
Nun ist sie drinnen langsam durch
Und schon beschleicht sie diese Furcht
Dass wenn es nichts zu säubern gäbe
Bald guckte sie durch Gitterstäbe
Der Anstalt in die er sie steckt
Wenn alles fertig wie geleckt.

Die Lösung kam von ungefähr
Im Garten gäb es noch viel mehr
Das unbedingt zu säubern wäre
Das sei so gegen ihre Ehre
Wenn da ein Grashalm schief gewickelt
Oder die Erde gar verpickelt.

So sitzt sie nun von früh bis späte
Und wienert dort die Blumenbeete.

Doch nachts kommen die Übeltäter
Und jede Nacht ein wenig später
Und scharren, graben, legen Haufen
In die man morgens früh beim Laufen
Hineintritt mit den bloßen Füßen
Wer kann dann noch den Tag genießen?

Sie betet heimlich und ganz stille
Oh Gott, ich wünscht es wär dein Wille
Du Gott der Saubren und der Bösen
Lass Wuffi jede Nacht sich lösen
Weil was er auf den Boden scheißt
Mir eine Zukunft hier verheißt.

Der Gatte ahnt nichts von dem Plan
Doch steckt auch er in seinem Wahn
Dass eines Tags die ganze Welt
Nur noch das tut, was ihm gefällt
Wenn erst der Garten wie geleckt
Dann zeigt er, was noch in ihm steckt.

Und die Moral von der Geschicht?
Verjag die Hunde lieber nicht.

(Felizitas Peters)

«Zwei Bücher habe ich aus dem Bestand
meiner Großeltern behalten: Tausendundeine Nacht
und Wilhelm Buschs Gesammelte Werke.»
(Felizitas Peters)

MIT KIND UND KEGEL
(MENTOR: WILHELM BUSCH)

Greta hat alles Recht wütend zu sein
Wer vermisst Fritz?
Nursultan ist doch ein schöner Name

Greta hat alles Recht wütend zu sein

Think Big

An Greta habe ich zu tun
«Kind des Lichts» ihr Name
Sie lässt die ganze Welt nicht ruh'n
Die kleine junge, große Dame.

Sie fordert Heuschrecken heraus
Wirft alles in die Waage
Für die ist sie 'ne kleine Maus
Doch die war'n früher schon 'ne Plage.

Und die Jungen jubilieren
Über so viel frischen Mut
Und sie jetzt schon triumphieren
Denn Mut entsteht aus Wut.

Wut über Dumm- und Blindheit
Und wie soll das weiter gehn?
Wir hatten noch 'ne schöne Kindheit
Doch manche wollen gar nichts sehn.

Gewohnheit ist die größte Macht
Wann kommt die Menschheit zur Besinnung?
Hat Greta das denn auch bedacht
Schafft sie's mit ihrer Bestimmung?

(Ursula Striepe)

nicht aufgeben

als ich in wilden jahren
ohne an folgen je zu denken
hoch oben auf den barrikaden
glaubte es bliebe ohne konsequenzen

im laufe der zeit
bin ich eines besseren belehrt
ist der weg auch weit
wer sich nicht wehrt der lebt verkehrt

doch du kannst andere nicht beugen
ich lernte geduld und zuversicht
du kannst nur überzeugen
wenn du selbst bereit bist zum verzicht

dann musst du dir vertrauen
und über grenzen geh'n
so können viele an dich glauben
und den wert deiner worte versteh'n

(Renate Haußmann)

Stand-Up

Wovon wird sie nur leben?
Die Eltern fragten bang
Sie muss nach Wohlstand streben
Der hält ein Leben lang.

Doch ihre brave Kleine
Die sehnt sich nicht nach Nerz
Sie will das Leben reimen
Die Wut wird ihr zum Scherz.

Raus aus den engen Mauern
Aus Denken flach und schal
Will nicht wie sie versauern
Will raus aus diesem Tal.

Nun steht sie auf der Bühne
Und blickt frech in die Welt
Spricht Verse voller Häme
Ihr geht es nicht ums Geld.

(Felizitas Peters)

Wer vermisst Fritz?

der unglücksrabe

es war ihm nicht in die wiege versprochen
er sollte auf kleinerer flamme kochen
doch dann ist es anders gekommen
ein reicher mann hat ihn zum mann genommen
schritt für schritt ist er aufgestiegen
sollen sich andere doch in armut wiegen
geholfen haben onkel ottos gene
zur hübschen gestalt und einer dunklen mähne
aber die gunst der natur war nur die halbe miete
ihm fehlte onkel ottos güte
um ihn herum wurde es kälter und kälter
er kam in die jahre und seine gestalt wurde älter
sein gatte fand eine hand die ihn wärmte
es war nicht seine für die er nun schwärmte
er blieb zurück sein fall war tief
das bett sehr hart in dem er fortan schlief

(Renate Haußmann)

Bahamas

Wer hätte je sich ausgedacht
Dass Fritzi solche Sachen macht
Dass er, der Musterknabe war
Jetzt Panzer knackt ganz wunderbar
Mit seinen vielen Milliönchen
Und diesem lieblichen Persönchen,
Dem Tommy, der bei jeder Tat
Die Tasche ihm gehalten hat
Genießt er nun den Alterssitz
Und denkt sich: Wer sucht schon nach Fritz?

(Felizitas Peters)

Ach du Sch...!

Tante Berta hat 'nen alten Hund
Der frisst sehr viel und ist ganz rund
Und gut erzogen ist er auch
Trotz seines dicken, runden Bauchs
Er hört aufs Wort, tut was man sagt
Doch Schwerhörigkeit ihn plagt
Er schnüffelt hier und schnüffelt dort
Findet so manchen neuen Ort
Doch nun ist er entlaufen,
Vielleicht für einen Haufen?
Ruft man ihn «Fritz»
Versteht er «sitz»
Deshalb jetzt bloß nicht rufen
Sonst kann man lange suchen.

(Ursula Striepe)

Nursultan ist doch ein schöner Name

Nursultan

Du bist dran sprach die Familie
Hier, da wäre die Ottilie
Die du schon kennst seit vielen Jahren
Als wir noch alle Kinder waren
Willste denn ganz alleine leben
Und nach nichts als Luxus streben?
Jeden Tag von früh bis spät
Rackern, bis abends nichts mehr geht
Kommst nach Haus, allein und matt
Keiner kocht dir Suppe satt
Das ist doch längst kein Leben mehr
Da muss jetzt schnell 'ne Süße her
Und vielleicht noch ein paar Kleine
Fang mal an, such' dir die Deine
Und was tut der brave Sohn?
Kaum gefragt, da macht er's schon
Eine Frau und ein paar Kinder?
Am besten geht er mal zu Tinder
Und schaut, ob nicht im Nachbarsgarten
Schon ein paar Schöne auf ihn warten
Und tatsächlich! Da, ein Pling
Sie guckt ihn an, das ist ein Ding!
Er winkt zurück, denkt an Ottilie
Und auch ganz kurz an die Familie

Und dann schickt er 'ne Nachricht los
Dabei fühlt er sich ganz famos
Er trifft sie, das wird sicher schön
Vielleicht will sie spazieren geh'n?
Sie sieht sehr hübsch aus, wenn sie lacht
Die Liebe ist 'ne Himmelsmacht
Und wird schon richten was noch nicht
Erscheint im allerbesten Licht
Die dunklen Haare, diese Augen
Das wird die Mutter niemals glauben
Dass diese hübsche junge Frau
Geboren wurde hier genau
Doch wenn sie erst zusammen sind
Und dann kommt bald das erste Kind
Das wird so süß sein, ganz gewiss
Dass jeder Zwist vergessen ist
Falls es ihn gibt, man weiß ja nie
Vielleicht siegt auch die Harmonie
Gesagt getan, statt zu flanieren
Oder im Walde zu spazieren
Nimmt er die Schöne mit nach Haus
Und spricht dort einfach alles aus
Was er seit langer Zeit schon denkt
Und was nun auch sein Handeln lenkt
Er ist sie leid, die blonden Weißen
Die dazu noch Ottilie heißen
Er steht auf andres, auf exotisch
Und das nicht nur, weil es erotisch
Nein, ihm ist klar, nur diese Frau
Ist meine Zukunft, ganz genau

Ein Glück, dass die genauso denkt
Und ihm auch ihre Liebe schenkt
Sie sind sich einig, wollen mehr
Wünschen sich Kinder, sogar sehr
Da bleibt nur eines – die Familie
Und auch, wie sagen wir's Ottilie?
Zum Weihnachtsfest lädt er sie alle
Zu sich nach Hause in die Falle
Sie kommen gern und stehen rum
Und fast verlässt ihn da der Mumm
Er nimmt das Herz in beide Hände
Damit er sich nicht doch noch wende
Und spricht sie alle fröhlich an
Ihr Lieben, das ist Nursultan.

(Felizitas Peters)

In freudiger Erwartung

Namen sind nur Schall und Rauch
Sagt man, aber stimmt das auch?
Jetzt geht die große Suche los
Denn der Bauch wird dick und groß
Und es bleibt nicht mehr viel Zeit
Bis das Kind im Hause schreit
Nennt es Karl, so wie der Große
Dann isst's bestimmt gern Fleisch mit Soße
Sagte einst der freche Bruder
Und er grinste wie ein Luder
Oder Otto, wie der Mops
Denn das Kind bestimmt auch kotzt
Oma sagt: Nun ist es gut
Wie wäre es denn mit Helmuth?
Vielleicht wird das Kind damit froh
Immerhin hießen zwei Kanzler so
Nennt ihn Kevin, der Cousin lacht
Dann werden Witze über ihn gemacht
Opa steht auf Präsidentennamen
Denn viele in den Sinn ihm kamen
Alte Namen sind modern
Man hört sie ja auch wieder gern
Der Vater hält sich da ganz raus
Ihm ist die Suche ein Garaus.
Er wirft kurz ein: Wir nennen ihn Bello
Vielleicht spielt er dann später Cello
Und wenn's ein Mädchen wird, was dann?
Die Familie schaut die Schwangere an.

81

Die Schwester, für Schlauheit sehr bekannt
Sucht Jungsnamen mit weiblichen Pendant
Anton und Antonia
Bert, Berta, Claus und Claudia
Dario und Daria
Emil und Emilia
Frederik und Frederike
Hoffentlich wird's keine Zicke
Gerd und Gerda
Herbert, Herta …
Das ist ja fast wie ein Gedicht
Doch jetzt die Wahrheit muss ans Licht
Im Trüben fischen ist vorbei
Denn es werden wirklich zwei!

(Ursula Striepe)

das ende vom lied

wenn ich es so recht bedenke
will ich mehr wenn ich dir meinen namen schenke
es scheint als wollte ich dein gönner sein
doch ich weiß bald bist du mein
ein name ist nur schall und rauch
ein etikett auf nackter haut
erst kleider machen leute
nimm sie hin und werde meine beute
ich geb meinen guten namen her
und denke dabei an viel viel mehr
du hast vertrauen und lässt dich ein
und schon wieder bist du mein
nomen est omen du hast die wahl
noch kannst du fliehen aus dem saal
der hochzeitskranz ist schon gebunden
bald bist du ganz in mir verschwunden
ich wollt ich hätt' dies nicht gedacht
sie hebt den schleier und lacht und lacht
in meinem land sagt sie und kichert
sind frauen stark und niemandem ausgeliefert

(Renate Haußmann)

«Radikale Satire, zeitkritischer Spott und
gesellschaftliche Kritik durch Nonsens geadelt.
Für mich ist Robert Gernhardt Lyrik der Moderne»
(Renate Haußmann)

"SO SCHLIMM KANN ES DOCH GAR NICHT SEIN..."

MENTOR: ROBERT GERNHARDT

Die Zeit ist reif – und relativ
Von der Kraft des Singens
Standfest statt stolpern

Die Zeit ist reif - und relativ

Relativitätstheorie

Er sagt

Ich glaub die Zeit ist reif

Sie fragt

Siehst du den Silberstreif?

Ich sag

Die Zeit ist relativ

Er sagt

Dies blöde Adjektiv

Sie sagt

Die Zeit ist eine Welle

Ich sag

Wohl eher eine Delle

Er fragt

Und wofür ist das wichtig?

Sie sagt

Das ist doch offensichtlich

Ich sag

Ihr streitet jetzt so lange

Sie sagt

Mir ist vor Zeit nicht bange

Er sagt

Du fürchtest dich vor Falten

Sie grinst

Das ist noch auszuhalten

Ich sag
Das ist doch alles relativ
Und sie
Dies blöde Adjektiv.

(Felizitas Peters)

Zeitreise

Ich fliege durch Zeit und Raum
Mal schnell, mal spür ich's kaum
Langer Abend mit kurzer Weile
Warum sind wir manchmal so in Eile?

Im Raum, da wird die Zeit gehegt
Sie wird gestaucht, gebeugt, gedreht
Die Raumzeit wabert hin und her
Und Eiszeit ist jetzt auch nicht mehr
Ich bin zeitnah, ganz dicht dran
Der Zeitpunkt ist ein guter Mann
Ihn darf ich nicht verpassen.

Komm, zieh ein Zeitlos, sagt er mir
Spar' Zeit und gewinne viel von ihr
Doch der Zahn der Zeit nagt auch an mir
Zeitzeuge bin ich selbst dafür
Gibt es für Zeit ein Alter?
Vielleicht, sicher jedoch ein Zeitalter
Und im Alter kaum noch Zeit.

Drum stell ich meinen Kurzzeitwecker
Die Zeitspanne bestimme ich
So habe ich die Zeit im Griff
In ihr darf ich 'ne Zeit lang ruhn
Dann gibt es anderes zu tun.
Es ist soweit
's ist Schlafenszeit.

Und so bewege ich mich still
Durch Raum und Zeit, wie wer es will?
Zeitzonen sind hier einerlei
Inkubationszeit geht vorbei
Die Zeit steht still, wenn ich es will
Das wünsch ich mir in schönen Zeiten
Doch konnt ich niemals etwas halten
Ich mache einen Zeitensprung
Und schaue mal in die Zeitung
Dann weiß ich wem die Stunde schlägt
Und was die Welt sonst so bewegt.

Ob Sommer- oder Winterzeit
Für jetzt und alle Ewigkeit
Glaub mir es gibt bei weitem
Auch wieder andere Zeiten
Doch eines gilt, und das ist tröstlich
Und gänzlich unumstößlich
Die Zeit, sie lässt uns nie im Stich
Begleitet uns zuverlässig
Denn sie vergeht – immer.

(Ursula Striepe)

neunundachtzig plus huhn

sie waren circa sieben
wo wollt ihr denn hin
wir ziehen in den frieden
ja das macht sinn

da kommen neun von kopf bis fuß vermummt
ich trau mir keine frage
doch sie kennen was ich nicht sage
los frag sie bist du ganz verstummst

achtundsechzig mit einem biohuhn
singen und tanzen auf den weg nach süden
habt ihr nicht besseres zu tun
nee da müssten wir jetzt lügen

in der ferne seh' ich vier alte frauen
die scheinen mir sehr besorgt
was lässt euch denn so trübe ausschauen
wir verschwenden was wir von den kindern geborgt

nun sind es schon achtzig und acht
plus ich und das huhn
wenig oder viel der anfang ist gemacht
respekt und verantwortung haben viel zu tun

(Renate Haußmann)

Von der Kraft des Singens

Erhebe sie

Im Kirchenraum
Dem großen kühlen
Versammeln wir uns zu ganz vielen
Um unserem lieben Gott zu dienen.

Der Pastor redet weise Worte
Wir hören schweigend zu
Gedanken kommen zur Ruh
Reden ist tabu.

Gemeinsam soll gesungen werden
Gesangbuch aufgeschlagen
Ganz laut knurrt mir der Magen
Jetzt bloß nichts Falsches sagen.

Der Chor beginnt
Die Orgel dröhnt
Ich träller los, ganz gottversöhnt
Ach ist das Singen schön.

Hier hau ich endlich alles raus
Erheb die Stimme schrill
Singe so, wie ich es will
Ganz laut und ohne Drill

Denn Gott auch mir 'ne Stimme gab
Und das nicht nur zum Sprechen
Vielleicht um Regeln auch zu brechen
In manches Wespennest zu stechen.

Als ein Kind Gottes unter vielen
Nutz' ich den Kirchgang, diesen öden
Um meine Stimme gut zu ölen
Und nachher geh ich wählen.

(Ursula Striepe)

in der elphi

die spannung steigt
es kommt der chor
dann circa zwanzig streicher
alles wird wie immer sein
das publikum wird weicher

dann die bläser
es sind so genau so viele
da bleibt kaum noch platz
für schlagzeug und triangelspiele
das ist doch alles für die katz

noch immer kein dirigent in sicht
und auch kein pianist
statt dessen fünf in feinen roben
sie reihen sich am bühnenrand
das volk fängt an zu toben

heute soll es eine oper geben
im saal machen sich zweifel breit
vermisst wird auch ein bühnenbild
doch dann beginnen zwei zu singen
die texte dazu auf virtuellem schild

es geht um liebe und um hass
gewalt und betrug
scheinen zeitlose themen zu sein
bis der tenor seine stimme erhebt
engelsgleich so hoch und rein

intrige und macht
ringen mit liebe und vernunft
im saal ist ruhe eingekehrt
es wird ein gutes ende nehmen
wer so singt macht nichts verkehrt

das spiel nimmt seinen lauf
wir ließen uns verführen
das gute wird tot von der bühne getragen
es ändert sich eben nichts in der welt
doch die stimme werd ich ewig in mir haben

(Renate Haußmann)

Badezimmer-Belcanto

Ins Auge schießen Tränen
Die Kehle wird mir eng
In Kirchen beim Choral
Leide ich Höllenqual.

Höre ich eine Oper
Bin ich zutiefst gerührt
Die Dido ruft Belinda
Doch die ist nicht mehr da.

Warum nur war es damals
So ernsthaft mit dem Singen?
Im Kinderchor zur Weihnacht
Hab ich da je gelacht?

Im Auto geht's mir besser
Egal, wohin ich fahre
Singe ich laut ich mein Solo
Und steiger' so das Tempo.

Und erst unter der Dusche
Da bin ich ganz befreit
Im meinem Fliesenzimmer
Gelingt das „C" mir immer.

Wär hier die Blind-Audition
Ich hätte schon gewonnen
Wie Freddie sing ich munter
Und spül den Schaum mir runter.

Doch leider ist es nicht so
Ich werde wohl kein Sänger.
Was meine Kehle produziert,
Hat andere noch nie berührt.

Doch ich, ich fühl mich herrlich
Allein mit meinen Tönen
Wenn ich von Herzen singe.
Die Luft zum Dröhnen bringe.

Man kann halt nur das, was man kann
Bin auch schon über fünfzig
So bleibe ich denn das, was ich bin
Keine Belcanto-Meisterin.

(Felizitas Peters)

Standfest statt stolpern

viele seelen in meiner brust

zwei seelen nur in meiner brust
nein da gibt es viele
lange hab ich nichts gewusst
sie spielen geheime spiele

mal sind sie friedlich
und unterstützen mich
mal unterschiedlich
dann wird es fürchterlich

du verstehst nicht was ich sage
und willst ein beispiel seh'n
es passiert nicht alle tage
aber danach wirst du mich versteh'n

ich schaute mir einst die börse an
der trend zeigte steil nach oben
der spieler in mir trieb die gier voran
die vernunft wurde betrogen

meine große liebe hatte charme
er brachte alle zum lachen
angst und wut legten seine gefühle lahm
eifersucht machte mich zum drachen

ich weiß was böse ist und kenne das gute
hab einen gerechten sinn
doch einmal hörte ich hilflose rufe
und meine angst schaute nicht hin

das ewige spiel der emotionen
ist meine herausforderung
sie bleiben ewig in mir wohnen
spielen ihr spiel im hintergrund

(Renate Haußmann)

Plädoyer für festen Halt

Zwei Füße sind ganz unten
Mein Halt auf dieser Welt
Doch wundre ich mich öfter
Dass dieser Halt nicht hält.

Die Füße sind ganz niedlich
So zierlich, schmal und klein
So passen sie im Laden
In alle Schuhe rein.

Zwei Füß' in neuen Schuhen
Betrachten sich erfreut
Als wär'n sie mit Bekleidung
Für alles ganz bereit.

Zehn Zehen schlank und gerade
Zehnmal den Blick voraus
Wenn ich sie bunt lackiert hab
Sehn sie auch noch hübsch aus.

Die Zehen hab ich vorne
Wie wohl fast jedermann
Und doch wünschte ich manchmal
Es wären Augen dran.

Zwei Augen hab ich zwar
Und zwei noch im Gesicht
Die einen sind verborgen
Die andren seh'n oft nichts.

Zwei Füße und zehn Zehen
In zwei paar schönen Schuh'n
Und trotzdem fall ich häufig
Kann nichts dagegen tun.

Zwei Knie mit blauen Flecken
Die zeigen es der Welt
Dass meine Füße blind sind
Und dass mein Halt nicht hält.

Zehn Zehen mit zehn Augen
Und Weitsicht ausstaffiert
Das wäre sicher besser
Ob dann wohl nichts passiert?

Wenn ich was wünschen könnte
Das könnt ihr mir ruhig glauben
Hätt ich auf jeder Zehe
Bebrillte Hühneraugen.

(Felizitas Peters)

Innerlich und von außen

Mach deine Schwächen zu Stärken
Wie bitte soll das gehen?
Dazu müsst ich erstmal merken
Wie sie denn wohl aussehen.

An Schönheit mangelts, an Intellekt
Fürs Abi war der Stand zu niedrig
Und manchmal bin ich auch nicht nett
Sondern werd' ganz schön kiebig.

Die frühkindliche Prägung
Sie flüsterte mir Böses ein
Ich zog dann in Erwägung
Mich dessen endlich zu befrei'n.

Doch leider ist es, wie es ist
Plissee nicht glatt zu bügeln
Die kleinsten Falten hießen mich
Stets den Elan zu zügeln.

Antennen auf Empfang gestellt
Und immer auf der Hut
So merkte ich dann doch recht schnell
Ich habe wirklich Mut.

Vielleicht bin ich ja zu naiv
Als Traumtänzer geboren
Ich hab nicht alle Menschen lieb
Doch manche auserkoren

So denken andere Leute denn
Ich wäre groß und stark
Doch innerlich fühl ich mich klein
Unsicher, manchmal ganz schwach.

Nur standfest stehn und damit fest
Das kann es doch nicht sein
Man muss doch auch mal stolpern dürfen
Hauptsache man fängt sich wieder ein.

(Ursula Striepe)

«Ach, so lustvoll böse sein!
Könnte ich das? Und könnte ich es nüchtern?»
(Felizitas Peters)

MIT SPITZER ZUNGE

MENTORIN: DOROTHY PARKER

Es ist noch nicht Feierabend
Nicht erlaubt, aber hilfreich
Deutsche sparen Plastiktüten

Es ist noch nicht Feierabend

da geht noch was

worte werden umgetauft
lügenpresse halt die fresse
fakten sind schnell ausverkauft
an wahrheit kein interesse
was du heißt aron krause
neue namen gibt's für hundert
die kipa lass mal schön zu hause
damit der glatzkopf sich nicht wundert
hörst du ihre lieder
die biedermänner singen wieder
wind von vorn kommt von den jungen
hass ist ihnen viel zu krass
leben und leben lassen
so einfach ist das
ach so ...

(Renate Haußmann)

Schluss mit lustig

Friedlich leben
Luxus genießen
Mit Freunden reden
Blumen gießen
Fernsehen schauen
Schnittchen machen
Bei zu viel Grauen
Hilflos Lachen
Weil sie wollen
Was wir haben
Im Luxus rollen
Den wir gaben
Zähne knirschen
Rechte pirschen
Bürger klammern
Senioren jammern
Wenn sie verweilen
In unsrem Leben
Müssen wir teilen
Das ist es eben.

(Felizitas Peters)

Fiderallalla

Früh aufstehen
Fitness treiben
Zur Arbeit gehen
Freundlich bleiben
Im Gedränge
Schlange stehn
In der Menge
Nach vorne sehen
Steuern zahlen
Plastik meiden
Autos haben
Plakette zeigen
Kinder kriegen
Ehrenamt
Freizeit genießen
Und bekannt
Gesundes essen
Tiere retten
In Folge dessen
Hemden plätten
Nicht vergessen
Klima retten
Und die Welt
Schlafen gehen
Auch im Zelt
Früh aufstehen
Fitness treiben …

(Ursula Striepe)

Nicht erlaubt, aber hilfreich

Besuch

Er kommt für mehr als eine Nacht
Da hatte sie nicht richtig nachgedacht
Nun ist er hier und sitzt in ihrem Leben
Er denkt bestimmt, es kann nichts Schönres geben
Doch sie, sie weiß es besser und stöhnt tief
Er hat ihn mitgebracht, den ganzen alten Mief
Und sitzt jetzt hier inmitten ihrer Welt
Er wartet.
Sie lockt und piekst und stellt ihm viele Fragen
Als könnte er ihr doch was Neues sagen
Doch wie erwartet ist da nichts zu holen
Ihm geht es gut, ihr wird die Zeit gestohlen
Sie macht sich rar, hat viele and're Pläne
Er tut, als ob ihm alles recht bekäme
Sie fühlt sich schlecht, da ist sie dann doch ehrlich
Doch weiter auszuhalten, wäre auch gefährlich
Sie geht.

(Felizitas Peters)

Frischfleisch

Sie war nicht vor ihm gefeit
Das war ihr schon immer klar
Doch jetzt ist es wohl soweit
Versonnen bürstet sie ihr Haar
Lippenstift, nicht zu auffällig
Abdeckstift ja nicht vergessen
Haare heute mal nicht wellig
Wangenrot, ist angemessen
Langsam kam es angeschlichen
Warnungen vorab genug
Doch sie wollt' nichts davon wissen
Tat, was sie noch immer tut
Nicht mehr so energiegeladen
Ein Mittagsschläfchen darfs schon sein
Für das Konzert am späten Abend
Plant sie das Vorschlafen stets ein
In ruhigeren Bahnen läuft das Leben
T-Shirts nun mit dreiviertel Arm
Die Highheels bleiben jetzt nur stehen
Bequemschuh zieht sie lieber an.
In der Beziehung läuft es glatt
Man ist halt sehr gut eingespielt
Doch manchmal fühlt sie sich schachmatt
Wenn sie nach andren Männern schielt
Würde sie den Schritt echt wagen?
So ist das, wenn man alt wird eben
Zu Hause ist's schön warm.

Man lebt dahin und lässt ihn leben
Selten nimmt man noch in den Arm
Gewohnheit ist die größte Macht
Draußen wartet schon der Wagen
Sie schließt die Tür und gute Nacht
Sie geht sich laben.

(Ursula Striepe)

täuschung

du glaubst dich längst in sicherheit
hast mich so oft getestet
dir deine wahrheit selbst gebraut
und gibst dabei dein bestes
ich lass dir deine scheinbarwelt
du bist so leicht zu hintertreiben
bin längst auf abstand eingestellt
es ist meine wahl zu bleiben
du lebst in deiner überheblichkeit
und ich auf wolke sieben
heut ist es an der zeit
du warst sicher ich wär geblieben

(Renate Haußmann)

Deutsche sparen Plastiktüten

Zwischenstand

Deutsche sparen
Gold- und Silberbarren
Sehr viel Energie
Co2 wie nie
Und – es ist soweit
Jede Menge Zeit.

Deutsche verhüten
Mit kleinen Gummitüten
Krankheiten durch Impfung
Im Netz nicht die Beschimpfung.

Deutsche vermeiden
Es, sich gut zu kleiden
Freundlichkeit
Lebensfreud'
Zu zeigen
Ich kann dich leiden.

Deutsche versuchen
Immer früh zu buchen
Das Billigste zu kriegen
Vor der Zeit zu fliegen.

Deutsche wollen
Nicht so gern verzollen
Beständigkeit
Sicherheit

Viel Kapital
Wie ist piepegal.

Deutsche essen
Und vergessen
Die Kreatur
Hat auch ein Leben nur.

Deutsche haben
Viele Sachen
Wenig Nachwuchs
Ein Gesetzbuch
Rückenschmerzen
Weihnachtskerzen.

Deutsche lieben
Zu obsiegen
Große Autos
Bald ganz lautlos
Ihre Wurst
Bier gegen Durst.

Deutsche tragen
Gern weiße Kragen
Eine schwere Last
Die das ganze Volk umfasst.

(Ursula Striepe)

sammelleidenschaft

plastik darf es nicht mehr sein
ich trag fisch und gemüse in tüten heim
aus papier
was trägst du denn hier
meine ist aus jute
noch von früher die gute
müll sammle ich in tragetaschen
falls mich nachbarn überraschen
in stabilen aus packpapier
die halten sogar flaschenbier
kosten 30 cent im bioladen
dafür musst du werbung tragen
der einkaufskorb kommt wieder
in den achtzigern hatte ihn jeder
er passt perfekt in den suv hinein
das stadtauto ist dafür zu klein
doch sammler können es nicht lassen
hör gut zu
aus angst vorm «artensterben»
horten sie plastik-raritäten für ihre erben
ach das meinst du

(Renate Haußmann)

Raserei

Sie denken, dieses ist nun richtig
Und nach der Wahl sei es auch wichtig
Auf den Fußweg will der Roller
Nicht nur die Oma kriegt 'nen Koller
Schluss soll sein mit den Abgasen
Drum darf man ungestraft hier rasen
Erschreckt wird man so fast zu Tod
Und wie ich finde ohne Not
Die Mutti mit dem SUV
Die nimmt den neuen Roller nie
Den schnappt sich eher der Student
Weil er ja schon das Zweirad kennt
Doch wenn der Umweltschutz regiert
Der Kopf viel Unsinn auch gebiert
Man könnte Tragetaschen mieten
Auch das ersparte Plastiktüten.

(Felizitas Peters)

DIE AUTORINNEN

Renate Haußmann ist Autorin für kreatives Schreiben. In der Reihe «Konzeptionelle Lyrik – Gedichte zu Dritt" gibt sie Gedichtbände mit Schreibkolleginnen heraus, die den lyrischen Trialog als kreativen Impuls nutzen. «Ich hab' Lyrik in mir. Mit dieser Entdeckung bin ich zur Wortsucherin geworden. In der Lyrik geht es immer gleich ums Ganze. Innen wird nach Außen gekehrt, bläht sich auf mit aktueller Wahrnehmung, um dann ohne Punkt und Komma in die Wirklichkeit der Leser/-innen einzudringen».

Ursula Striepe ist überwiegend kreativ tätig und hat bereits in ihrer Jugend geschrieben. Ihr erster Roman «Muttertorte» steht kurz vor der Veröffentlichung. An Lyrik hat sie sich lange nicht herangetraut, bis sie in einer Weiterbildung die Vielfältigkeit des Ausdrucks in Zeilen und Versen für sich entdeckte. «Humor ist die Begabung, den alltäglichen Schwierigkeiten des Lebens mit Leichtigkeit und heiterer Gelassenheit zu begegnen. Das Leben bietet die besten Vorlagen».

Felizitas Peters schrieb jahrelang «Märchen für Erwachsene» in ihrer Agentur für Finanzkommunikation. Inspiriert durch die Ausbildung im Kreativen Schreiben bei Renate Haußmann, beschloss sie, sich in Zukunft ganz ihrem Lieblingsthema zu widmen und gründete 2015 den Verlag Palmato Publishing. Die Aufgabe, Gedichte über den Humor im Alltag zu verfassen, hat sie besonders gereizt, denn: Auch das Schwere mit leichter Hand zu beschreiben, ist für sie eine Königsdisziplin.

GEDICHTE

Der Blick aus dem Fenster
(Mentor: Erich Kästner)

Gestern mal wieder
(Mentorin: Mascha Kaléko)

Des Pudels Kern
(Mentor: Heinz Erhardt)

Zwei Männer im Garten
(Mentor: Loriot)

Mit Kind und Kegel
(Mentor: Wilhelm Busch)

"So schlimm kann es doch gar nicht sein..."
(Mentor: Robert Gernhardt)

Mit spitzer Zunge
(Mentorin: Dorothy Parker)

Kollektives Schreiben

Das Projekt «Konzeptionelle Lyrik - Gedichte zu Dritt» ist inspiriert von den Surrealisten um André Breton, die im Kollektiv nach künstlerischer Entwicklung und neuen Ausdrucksformen gesucht haben. Und von Peter Elbow, dem US-amerikanischen Schreibwissenschaftler, der zur Anstiftung individueller kreativer Entwicklung in Gruppen das bedingungslose Zuhören als Voraussetzung für die Technik des *sharing and responding* beschrieben hat. In unterschiedlichsten Schreibgruppen hat mich immer die gegenseitige Wirkung der produzierten Texte und Gedichte interessiert. Als kreative Animation für die Lesenden eigener Prosa und Lyrik und als *Trigger* für Emotionen und Erinnerungen der Hörenden.

Es ist verblüffend, wie im Prozess des gemeinsamen Schreibens Ergebnisse entstehen, die als individuelles Produkt Bestand haben und dennoch, sozusagen im urheberrechtlichen Sinne, nicht mehr voneinander zu trennen sind.

Was auch immer der auslösende Impuls für das Schreiben in der Gruppe gewesen sein mag. Das laute Lesen als selbsterzeugte Reflexion von Form und Rhythmus, wie das Feedback, das die hervorgerufenen Erinnerungen und Gefühle derjenigen spiegelt, die der Lesung gefolgt sind, alles ist Teil der eigenen künstlerischen Entwicklung. Es wird direkt in die Überarbeitung der entstandenen Werke einbezogen. Der Dialog wird zu einem dynamischen Prozesses. Die «fremde» Perspektive verhilft zur Annäherung oder zur Distanzierung. Jeder Perspektivenwechsel ist wieder ein neuer Impuls.

Aus diesen Erfahrungen ist die Idee der «Konzeptionellen Lyrik» entstanden. Der poetische Dialog oder, wie in den Gedichtbänden dieser Serie, der lyrische Trialog wird als kollektive Inspiration auf die Spitze getrieben.

Das gewählte Thema, ein Bild oder vorgegebene Formen und Rhythmen geben den Anstoß zum ersten eigenem Gedicht. Es wird in die Runde geworfen und damit zur Vorlage, die von der Partnerin als Auslöser für Erinnerungen, Emotionen und Erfahrungen aufgenommen und verarbeitet wird.

Aneignung – Abstraktion – Wiederaneignung und erneute Abstraktion. Worte werden durchgeschüttelt und gerührt, bis scheinbar nichts mehr von den ursprünglichen Zutaten vorhanden ist. Und trotzdem werden die Leserinnen und Leser schnell entdecken, aus welcher Feder die einzelnen Gedichte stammen. Die Worte bleiben meine und doch sind sie unwiderruflich angereichert mit der Energie der Gruppe.

Renate Haußmann

Konzeptionelle Lyrik in Serie

Band 1

Wenn die Nacht kommt in Manhattan

Renate Haußmann (Hg.), Christiane Maria Luti, Barbara Rossi (Januar 2018)

Band 2

Kein Ton geht verloren

Kirsten Eckmann, Renate Haußmann (Hg.), Andrea Katzenberger (Dezember 2018).

Band 3

Die Zeit ist Zeuge

Manon Haccius, Sabine Hammer, Renate Haußmann (Hg.) (Mai 2019)

Band 4

Das ist ja komisch

Renate Haußmann (Hg.), Felizitas Peters, Ursula Striepe (Juli 2019)

In Vorbereitung:

Band 5

Zwischen den Zeilen lesen

Friederike Lydia Ahrens, Renate Haußmann (Hg.), Tamara Jarchow (Oktober 2019)

Band 6

Dunkle Seiten

Stephanie von Below, Renate Haußmann (Hg.), Karin Harries-Hedder (Dezember 2019)

Band 7

Lecker Lyrixx

Luis Haußmann, Renate Haußmann (Hg.), Carla Seidemann (Juni 2020)

MIX

Papier | Fördert
gute Waldnutzung

FSC® C083411

Zeitfracht Medien GmbH
Ferdinand-Jühlke-Straße 7
99095 Erfurt, Deutschland
produktsicherheit@kolibri360.de